U0685534

公民安全防范系列丛书

公民防范邪教手册

中国反邪教协会　编

群众出版社

图书在版编目（CIP）数据

公民防范邪教手册 / 中国反邪教协会编 . -- 北京 ：
群众出版社，2025. 6. --（公民安全防范系列丛书）.
-- ISBN 978-7-5014-6382-4

Ⅰ. D669.8-62

中国国家版本馆 CIP 数据核字第 20248PT937 号

公民防范邪教手册

中国反邪教协会 编

总 策 划：陆红燕
责任编辑：邵红岩
装帧设计：张　彦
责任印制：周振东

出版发行：群众出版社
地　　址：北京市丰台区方庄芳星园三区 15 号楼
邮政编码：100078
经　　销：新华书店
印　　刷：天津盛辉印刷有限公司

版　　次：2025 年 6 月第 1 版
印　　次：2025 年 6 月第 1 次
印　　张：2.375
开　　本：880 毫米 ×1230 毫米　　1/32
字　　数：45 千字

书　　号：ISBN 978-7-5014-6382-4
定　　价：28.00 元

网　　址：www.qzcbs.com
电子邮箱：qzcbs@sohu.com

营销中心电话：010-83903991
读者服务部电话（门市）：010-83903257
警官读者俱乐部电话（网购、邮购）：010-83901775
公安业务分社电话：010-83906108

前　言

邪教、毒品、恐怖主义被称为当今世界"三大公害"。反邪教工作事关国家长治久安，事关人民群众的切身利益。在与"法轮功"等邪教组织开展斗争的二十多年来，党和政府制定了"团结教育挽救绝大多数，依法打击极少数"的工作方针，采取"防范、教育、打击"一体化的邪教治理策略，全力推动邪教问题的系统治理、依法治理、综合治理、源头治理，确保社会安定和人民群众幸福安宁。

党的二十大报告指出："中国式现代化是物质文明和精神文明相协调的现代化。物质富足、精神富有是社会主义现代化的根本要求。"在迈向中国式现代化的新征程中，中国人民越来越注重物质生活和精神生活的内涵与品质，这对高质量推进邪教治理提出了更高要求。反邪教警示教育宣传是预防邪教滋生蔓延的重要环节。近年来，邪教组织借助新媒体在全球范围内发展传播，招募手段花样翻新，发展成员已从特定人群逐步扩展到全年龄段人群。

在面对邪教、"精神传销"等危险组织进行传播时，人们往往在识别和防范方面感到手足无措。中国反邪教协会秉承以人民为中心的理念，致力于提高公众识别防范邪教的能力，弘扬科学精神和人文精神，应新时代反邪教警示教育宣传工作的新要求，组织编写了《公民防范邪教手册》。手册的编写在内容编排设计上立足信息化时代的新情况，运用国内外对邪教问题研究的最新理论和实践成果，力图揭露邪教传播发展的新样态和新伎俩，帮助读者认清邪教的本质和演变规律，提升识别能力，全面提高防范邪教入侵的"免疫力"。

抵制邪教 从我做起

| 邪教的特征 | 邪教的危害 | 远离邪教 | 抵制邪教 |

目　录

认知篇

1. 什么是邪教？　　　　2
2. 邪教的特征是什么？　3
3. 邪教有哪些危害？　　9

辨识篇

1. 邪教有哪些类型？　　16
2. 邪教有哪些骗术？　　18
3. 邪教是如何洗脑的？　24
4. 邪教有哪些传播方式？27

防范篇

1. 如何提升辨识邪教的能力?   33
2. 如何提高防范邪教的意识?   35
3. 线下遇到邪教怎么办?   37
4. 在互联网、社交媒体遇到邪教怎么办?   39
5. 在境外遇到邪教怎么办?   40
6. 亲友误入邪教怎么办?   41
7. 如何追求健康生活?   43

法制篇

1. 宪法   46
2. 法律   47
3. 行政法规   51
4. 司法解释   56

结　语   65

崇尚科学 远离邪教

认知篇

1. 什么是邪教？

2017 年 1 月 4 日《最高人民法院、最高人民检察院关于办理组织、利用邪教组织破坏法律实施等刑事案件适用法律若干问题的解释》规定，冒用宗教、气功或者以其他名义建立，神化、鼓吹首要分子，利用制造、散布迷信邪说等手段蛊惑、蒙骗他人，发展、控制成员，危害社会的非法组织，应当认定为刑法第 300 条规定的"邪教组织"。

邪教大多以传播某种"宗教教义""拯救人类"为幌子，散布谣言，且通常有一个自称"开悟"具有超自然力量的组织头目，对人进行精神控制，非法敛取钱财，甚至妄图颠覆政权。

邪教侵蚀思想、扭曲思维、瓦解认知，控制精神、摧残身心、异化信仰，让人们深陷"精神黑洞"，成为邪教组织头目的傀儡，沦为其危害家庭、社会、国家的工具。

邪教组织的首要分子往往被冠以"神佛下凡"或者"神佛代理人"之名，编造"末世

得救"的邪说，在发展、控制成员的过程中大肆敛财。

当前社会上一些打着"灵修"旗号的组织或团体，也具有邪教崇拜组织头目、非法敛财、精神控制的特征。国家有关部门已明确将其定为"精神传销"。"精神传销"的危害同邪教一样，可以将其看作邪教公司化运作的变体，值得全社会警惕。

2. 邪教的特征是什么?

邪教编造某种超自然信仰对人进行精神和物质剥削，进而骗财骗色，扰乱社会秩序，觊觎国家政权。邪教组织利用一些人不能正确认识社会的脆弱心理，极力渲染夸大现实社会的种种"黑暗"，让信奉邪教的人员处于敌视政府、敌视科学、敌视社会、敌视人类的情绪之中。

法国邪教问题专家让·皮埃尔·皮拉德指出："邪教在秘密和隐蔽中滋生，在黑暗中发展，以神灵或玄奥做掩护，其唯一目的是谋取政权和金钱。"

（1）崇拜组织头目

邪教组织头目一般都鼓吹自己为"导师""尊者""大师""圣人""宇宙主佛""神佛转世""二次道成肉身""神的儿子""神的化身""神的使者"等，用古今中外预言证明其身份不凡，吹嘘自己具有各种超常、特异功能。邪教组织头目和成员面对面聊天，使成员产生亲切感。邪教人员在线上或线下沉迷于组织头目所谓的"讲法"和"神的话语"。这种即时交流让邪教组织容易保持"吸引力"，使成员对组织头目产生有"主心骨"的错觉。

【案例】

"法轮功"邪教组织头目李洪志、有害气功组织"中功"头目张宏堡等通过造神把自己吹嘘成"佛"。

"全能神"邪教组织头目赵维山把自己的老婆杨向彬吹嘘成"女基督"。

（2）编造歪理邪说

邪教反对科学，宣扬神秘主义、封建迷信和所谓的"神通""法术"，宣扬"当下末日论""在即末世论"，鼓吹或利用各种阴谋论、神秘主义来自我包装，如利用"UFO""外星人""蜥蜴人""昴宿星人"等元素制造恐慌，利用"灵修""高维""高我""觉醒""扬升""疗愈"等模糊概念来自我标榜。

邪教组织散布"人类罪恶论""人生宿命论",麻醉信奉邪教人员思想,贬低人类,对其进行精神和肉体的迫害,公然蔑视最基本的道德观念和行为准则。邪教组织头目妄言"人类自身具有不可饶恕的罪恶",必将经历"大灾大难",甚至"地球爆炸""人类毁灭"等,宣扬"只有加入邪教才能得到拯救"的歪理邪说,以"灾难""劫难"威胁恐吓信奉邪教的人员。

【案例】

"法轮功"邪教组织头目李洪志谎称"现代的科学不算科学",极力兜售所谓"法轮大法是最高科学"等。

"全能神"邪教组织谎称"人类没有家庭,没有国家";蛊惑痴迷者舍弃家庭,全身心地投入所谓的"为神作工"中去;诱骗邪教人员离家出走,去"传福音";强迫邪教人员主动将财产奉献给组织"尽本分";谎称只有这样才能在灾难中生存下来。

（3）实施精神控制

邪教组织头目会提出"人类道德水平大滑坡"等论调对现实社会进行贬低,一方面唆使邪教人员痛恨现实、疏离社会;另一方面使邪教人员逃避现实、对抗社会、破坏社会。邪教组织宣扬传统宗教过时、主流文化过时,与社会主流价值悖离或对立。

邪教组织头目会千方百计建立一个以其为核心的"独立王国"，不准邪教人员参与正常的社会活动，将其与正常社会隔绝开来。邪教组织的"诉求"一旦得不到满足，就会采取各种极端手段对抗社会，破坏社会秩序和安宁。邪教组织通常会利用一些文字符号或模糊称谓哄骗邪教人员，如冠以"神选民""大法弟子""彩虹战士""光之工作者"等名号，或要求其担负所谓"使命"，以"感召"为名拉人头，发展下线；将弟子分级，层层管控；强迫邪教人员绝对服从，能奉献一切，甚至是自己的生命。邪教组织还善于使用直播、短视频等手段，采取公司化、商业化、传销等方式运作。邪教组织头目在面对传统宗教或主流文化时都会摆出一副反对者、革新者的姿态，宣扬所谓"末世征兆"，妄言"当世道德败坏、社会崩溃"，制造对立。

　　"法轮功"邪教组织炮制"人类即将毁灭""不退党就会被灾难淘汰"的谎言，"全能神"邪教组织鼓吹"女基督末世作工"等歪理邪说，将社会问题归因于传统价值失灵、文化失灵、制度失灵，让邪教人员觉得组织头目"高人一等"，使其形成追随组织头目可以"得救"的错觉。

（4）敛财骗色

邪教组织头目为了满足个人的贪欲，要求邪教人员绝对服从，奉献一切甚至生命，将他们异化为"精神傀儡"，对其进行经济剥削和性剥削。邪教组织在对邪教人员进行严密精神控制的同时，还会通过各种手段盘剥、诈骗其财产，通过"奉献款""会费""培训费""咨询费"等各种名义向其大肆敛财。女性邪教人员和儿童，还会受到邪教组织头目的人身侵犯。

（5）热衷"神权政治"

邪教组织在发展壮大后，其组织头目的政治野心也会随之膨胀，常常宣称要建立所谓的"新纪元""新世界"，妄想对全人类实行"神权"统治，进而攫取权力、对抗政府、取代政府。邪教组织竭力散布"政府无用论"和"法律无用论"，公开煽动邪教人员与政府对抗，进行违法犯罪活动。

【案例】

"全能神"邪教组织假冒基督教名义编造假圣经故事，让邪教人员拥戴所谓"唯一合法的真神"，煽动推翻政府，妄想"神权"与政权合一。

3. 邪教有哪些危害?

（1）威胁政治安全

邪教组织大多具有鲜明的政治目的、政治倾向和政治图谋。邪教组织企图创立自己的"王国"，在其建立的"邪教世界"里，颠倒邪教人员对现实社会的价值观和人际观，以邪教组织头目的个人意志为行动规则，其他人不能有行动自由和独立思想。

邪教组织除了许诺邪教人员能"得救""成佛""封官""发财""上天堂"，还发布"指导意见""纪要""决定"等煽动其闹事。当邪教组织的势力越来越大时，组织中的多数人便越发深信邪教组织头目鼓吹的歪理邪说，并将其奉为所谓的"上帝"或者"大师"。

【案例】

"全能神"邪教组织头目赵维山妄称，"中国是被我诅咒的国家，是大红龙（指中国共产党）的后代"。他要求邪教人员将"大红龙"灭绝，建立"全能神"的国度，建立一个"政教合一"的政权。

"法轮功"邪教组织曾煽动习练者非法围攻新闻单位和政府机关，造成了十分严重的危害。

（2）危害文化安全

邪教组织通过伪装、剽窃与篡改传统文化，否定主流文化，否定科学，鼓吹伪科学，挑衅社会伦理道德和主流价值观，大肆宣扬歪理邪说，污染社会风气。

【案例】

"全能神"邪教组织妄称进化论、儒家学说、共产主义理论是"魔鬼撒旦的知识"。"门徒会"邪教组织提出"打倒东方习俗"，宣扬"不过世俗节日"，冒用基督教名义以"祷告祛病"传播伪科学。

（3）危害社会安全

邪教对个人、社会具有多重破坏力，其危害是多方面的。

①严重破坏家庭和谐稳定。

邪教组织唆使邪教人员漠视亲情、脱离家庭，导致许多邪教人员家庭夫妻反目、父子成仇、妻离子散。邪教组织还唆使邪教人员全身心投入邪教活动之中，造成大量人员有工不做、有学不上、有田不种，无偿为邪教组织服务，成为邪教组织的奴隶。

江苏徐州一退休职工陈某，被拉拢加入"全能神"邪教组织后，整日忙着外出"聚会""传福音"，后趁家人不备带着 2.5 万元存款悄悄出走，至今没有任何消息。

②严重摧残邪教人员身心健康，甚至生命。

邪教宣扬"信教能治病"。所以，邪教人员大都有病不治，导致延误病情，或相信邪教巫术，结果致残、致死。邪教的"末世恐吓论"，使邪教人员产生厌世、仇世情结。一些邪教人员因为相信邪教，导致精神失常、人格分裂，继而自杀、杀人，或采取极端恐怖行为危害社会。

2001年1月23日，北京天安门广场发生震惊世界的"法轮功"人员集体自焚事件。

2014年5月28日晚，在山东招远一"麦当劳"快餐店，凶犯张某等6名"全能神"邪教组织人员因向被害人索要电话号码遭拒，便认定其为"恶魔""邪灵"，用钢制拖把、椅子等残忍地将被害人殴打致死。血腥的场面、残暴的行为、冷漠的话语震惊世人。

③严重危害群众财产安全。

邪教组织头目巧立各种名目，通过"捐献""培训""治病""养生"、制贩商品等手段，套取信奉者钱物。许多邪教人员为此倾家荡产。有的邪教组织通过免费培训的方式先把人吸引进去，又以"加盟费""培训费""禅修费""学历学位费""开光法物费""精油理疗费"等为名要求

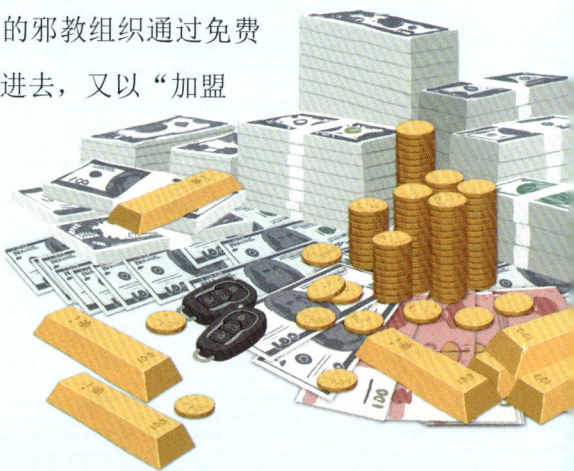

信奉者支付巨额费用。随着课程"层级"的提高，进阶越高费用越贵。

　　2019 年年初，已退休十余年、被病痛折磨得身心俱疲的李某，在公园散步时结交了"全能神"邪教组织成员何某。何某宣称"世界末日"即将来临，只有信奉"全能神"才能躲过劫难，获得永生；同时，还以"奉献"越多"福报"越大为由，劝说李某将家中积蓄捐出。李某拿出积攒了大半辈子的养老钱，满心期待着能得到"神"更多的恩赐。然而，随着时间的推移，她的身体状况并未如她所期望的那样好转，反而每况愈下。直到 2025 年 1 月李某晕倒住进医院。在医院期间，社工耐心向她讲解"全能神"的真实面目，李某才如梦初醒。

④严重破坏社会治安秩序。

邪教组织成员特别容易受到其组织头目的教唆鼓动。一些地区曾发生邪教组织成员围攻政府机关和新闻媒体、殴打基层干部、妨碍公安民警执行公务的事件。

【案例】

2012年年底，在赵维山的蛊惑下，一些地方的"全能神"邪教组织成员公开走上街头聚集闹事，用拉横幅、发传单、扩音器喊话等方式，宣扬"世界末日"谣言，甚至围攻党政机关，对抗公安人员执法，严重破坏社会治安秩序。

辨 识 篇

邪教组织非常善于伪装。邪教歪理邪说、组织形式、传播手段经常发生变化，如"全能神"邪教组织在传播过程中会变换很多名称。一些有害培训为逃避打击，不断变换形式进行传播。辨识邪教需要从邪教的类别、骗术、洗脑方法、传播方式等方面入手，把握其共性特征和一般规律。

1. 邪教有哪些类型?

从邪教组织的运作方式看，主要分为两大类:

（1）冒用宗教、气功组织等名义进行非法传教，是数量最为庞大的一种类型

一些组织打着宗教、气功的旗号，通过宣扬某种神秘现象或学说（玛雅文明、外星人等）来传播邪教思想。其内容有些纯粹是组织头目自己编造的，有些则是各种教义的大杂烩。

虽然大多数邪教组织头目声称自己是"道德高尚"的人，

但其追求的都是奢侈的生活方式、大量的财产、庞大的商业等。

2015年7月，公安机关依法查处"华藏宗门"邪教组织。该组织头目吴泽衡打着"慈善"的旗号，利用人们追求行善、健康的美好愿望，借机笼络人心，大肆敛财。弟子们的拜师费从几十元到几万元不等。吴泽衡以皇帝自居，身边有由十多名专职女弟子组成的"秘书组"值班"护法"，贴身服侍其生活起居。吴泽衡给弟子们起有特定含义的字号，"惠"字辈的为妃子，"辅"字辈的为重臣，"悟"字辈的为本家。

（2）以"治疗""教育""大型团体"为名进行"认知训练""精神传销"等非法活动

一些组织打着"灵修""禅修""培训"等旗号，以"全脑开发""培养神童""潜能激发""思维训练""视力回源""量子阅读""成像速读""全素食"等名义，在酒店里举办"研讨会""培训"等活动，通过所谓的"心理疗愈"收取高额费用。组织者会使用精神控制术，为参与者提供所谓的"巅峰"体验，部分人受其操纵后会继续参加更加昂贵的进阶课程。普通人一旦加入邪教组织，就会被告知要拉拢亲友、同事加入才能升入

"更高层级",或者被要求与家人和朋友隔离,进而被骗取钱财。

2. 邪教有哪些骗术?

(1)组织头目身份造假

身份造假是古今中外邪教组织头目打造权威、引诱组织成员崇拜的普遍做法。邪教组织头目充分利用成员对超自然、超社会神秘力量的崇拜心理,将自己乔装打扮成法力无边的"神佛",称自己是真理、道德、科学的化身。邪教组织常常诱骗或恐吓成员要唯组织头目之命是从。

邪教组织头目编造履历,宣称自己是某佛转世,得到高人点化、"上师指引""神佛托梦",开悟获得超能力。也有邪教组织头目自称海外博士,名校兼职、客座教授,"××研究院资深导师""××方法创始人"等,利用信息差蒙骗人。

"法轮功"邪教组织头目李洪志出生于 1952 年 7 月 7 日。40 岁时，他将自己包装成"气功大师"，宣布出山。他费尽心机将生日改成了 1951 年 5 月 13 日，即农历四月初八，相传此为释迦牟尼佛的诞辰。

"银河联邦"邪教组织头目郑辉自我包装，鼓吹自己是"佛公主"，是释迦牟尼现世佛，还宣称自己是"地球上唯一的释迦牟尼女身佛"，是宇宙唯一的"二十八次元佛"。

邪教组织善于利用各种宣传平台，炮制一些虚假信息，寻求媒体背书。实际上，很多信息都是其自导自演的付费广告。邪教组织还会利用慈善活动、节日庆典，或选举造势等场合，安排与社会名流合影，甚至使用 AI 换脸技术制造假新闻。

（2）鼓吹快速成功，"成佛""成圣"

针对一些人想快速"致富""得道"的急功近利心理，邪教组织头目往往宣称可以帮助其快速获得"修行成果"。

　　"法轮功"邪教组织曾经信誓旦旦地抛出"十年圆满"论，鼓吹修炼"法轮功"可以最简短的方式快速、批量地"成仙""成佛"。

（3）冒用宗教概念

　　我国公民享有宗教信仰自由，正常的宗教活动受国家法律保护。邪教组织为给自己披上一件合法的外衣，逃脱法律制裁，通常冒用宗教的名义，片面利用或刻意曲解宗教的教义、仪式等方面内容，欺骗有宗教需求而又缺乏宗教知识的群众，引诱有宗教情结的人误入其中，然后抛出歪理邪说取代传统教义，宣称传统宗教已过时，要信"新神"，鼓吹上天堂、解脱轮回、圆满得佛果、成为圣人等。

　　"法轮功"邪教组织头目李洪志鼓吹其主要理论都是佛家的，但自己超出了佛，超出了道。

　　"全能神"邪教组织拉拢成员时，会先谎称其是基督教。然后，从基督教的历史入手，谎称如果相信耶稣在两千年前就已存在，就该同样相信上帝以"女基督""全能神"的身份降世中国山西。

　　"观音法门"邪教组织排斥传统佛教，宣称自己是唯一成佛的法门。其组织头目鼓吹"如果我不是佛，其他任何人再也无法成佛了"。

　　"华藏宗门"邪教组织头目吴泽衡自封法号"觉皇"，是凌驾于各大宗教之上的"皇中皇"。

　　（4）编造组织头目有超凡能力

　　邪教组织头目招揽和控制邪教人员，除了吹嘘其经历之外，还经常将其包装成具有功能神通的"大师""导师""上师""法王"等。邪教组织神化组织头目，用以迷惑信奉邪教的人员。一些邪教组织头目吹嘘自己有特异功能，能够"意念搬运""隔空取物""解百忧""治百病"。

20世纪90年代，一些所谓的"大师"出山，号称具备"大神通"，如"天眼""天耳""搬运"等，但在严格的科学测试下纷纷失败。

"银河联邦"邪教组织头目郑辉吹嘘自己拥有6个大脑，是"完全觉醒者"，可以不饮食、不睡觉，已经13.5亿岁。郑辉曾多次到乡村"传法"，在街头发放传教光盘，专门针对寺庙附近渴望身体健康、对佛教一知半解的老年人进行传教，以包治百病、快速成佛等吸引人入教。

（5）进行"报应"恐吓

邪教组织头目惯常使用的手段就是威逼恐吓。邪教组织编造"报应论"无非就是制造恐慌，对信奉邪教的人员施加精神控制。用"遭报应、下地狱"等方式恐吓其不能脱离组织，不能对组织有任何疑问。

　　"全能神"邪教组织炮制"遭神惩罚的典型事例"，谎称其名单里的人因反对"全能神"受到神的惩罚而生病、意外死亡。

3. 邪教是如何洗脑的?

邪教组织会对邪教人员进行洗脑,施以心理虐待,对其进行奴役和精神控制。精神控制的本质是针对他人的心理弱点和生理缺陷来控制其思想,使其成为邪教组织的精神奴隶,以满足组织头目的各种欲望,从而死心塌地为邪教组织服务。邪教组织在对信奉者进行精神控制时,会大量使用冥想、催眠、恐吓、心理诱导等手法来瓦解其认知。

(1)行为控制

一些邪教组织要求信奉邪教的人员严格奉行素食主义,或强迫其频繁禁食,同时严格管控其闲暇时间,从而实现对其行为、思想和情绪的全面控制。

【案例】

"门徒会"邪教组织谎称吃得越少"灵性"越高。一些邪教组织强迫成员节食,剥夺睡眠,甚至要求其在冬季凌晨3点外出散步以及进行冰水淋浴等极端方式,以削弱其抵制组织头目操纵的能力。

（2）信息控制

一些邪教组织要求其成员隔绝信息、隔断与亲友的联系、接受邪教组织的严格管控。邪教组织会对其成员进行彻底洗脑，形成一套独有的语言、思维系统，或者将所谓的"真理"分成若干层次。当邪教人员越陷越深时，其所谓的"教义"才会显露出来。邪教组织还会训练其成员屏蔽任何对本组织不利的信息。

【案例】

"全能神"邪教组织使用内部自造语言，如"交通（即交流）""测透（即猜测）""天然（即本性）"等，控制邪教人员思想。他们给邪教人员灌输无休止的"吃喝神话"，学习交流邪教歪理邪说，屏蔽对邪教组织不利的信息。

"法轮功"邪教组织头目李洪志在"讲法"时对质疑者会大声斥责："你还是我的弟子吗？"以此遏制其成员的批判思维。

（3）情绪控制

邪教组织往往先给其成员设定一个虚幻的目标。如果没达到，就要求信奉邪教的人员向内找原因，归咎于自身没做好，不能发泄情绪，从而实现对其的情绪控制。邪教组织会采用各种手段，使邪教人员产生内疚和恐惧心理，从而变得易于被控制和利用。

【案例】

贵州福泉的潘某2015年加入"全能神"。2022年1月，她不顾家人叮嘱，撇下生病独自在家的丈夫去参加"全能神"邪教活动。当晚丈夫从家中楼梯上摔下，因送医不及时医治无效死亡。"全能神"邪教组织为了让潘某继续"尽本分"，不断对其洗脑，称其丈夫的死是"神的考验"，削弱其愧疚感，不允许其发泄情绪。

4. 邪教有哪些传播方式？

不少人可能遇到过邪教组织在小区里发放光盘、在人民币上写反动宣传口号、在大街上拉横幅、通过匿名电话发展邪教人员的现象。随着新媒体技术的快速发展，邪教组织的传播方式也在发生变化，逐步从显性传播变为隐性渗透，以"学术交流""教育进修""心灵培训""文体活动""社会公益"等方式从文化层面进行潜移默化的传播，使受众面更广、对象更年轻化。

（1）通过"学术交流"渗透

邪教组织逐渐做大后，会拓展传播渠道，通过"开办教育机构"和"开展国际合作交流"等方式吸引青年人加入，迷惑性较强。

【案例】

韩国邪教"统一教"通过"教育合作"在中国进行渗透，其下属机构"国际教育基金会"曾在我国部分城市打着"文化交流""教育合作"等名义试图渗入高校发展成员。

（2）通过艺术演出传播

邪教组织常常通过艺术演出的方式传播和敛财。以表演节目的形式传播其歪理邪说，妄图扩大影响。艺术演出成为聚敛钱财的工具，更是对观众的欺骗、愚弄和毒害。

【案例】

"法轮功"邪教组织所谓的"神韵"艺术演出即是打着"弘扬传统文化"的幌子，大肆鼓吹"世界一流""国际一流"。其演出旨在宣扬"法轮功"歪理邪说，维持自身声势，借机"鸣冤叫屈"，欺骗国际社会。

（3）通过地下渠道传播

一些邪教组织惯于暗中发展，特别是其被国家依法认定为非法组织后，更是以地下秘密活动为主。邪教组织成员会选择秘密场所聚会、制作宣传材料、发展地下组织，在基层扩张宣传。

【案例】

"全能神"邪教组织的线下传播，采取单线联系的方式，一般先传家人、亲戚、朋友、熟人，再传其他人员。邪教成员在交流时，一般不使用真实姓名，而是使用"化名""灵名"等假名，并使用特别加密技术支持的联络方式。

（4）通过新媒体吸引

一些邪教组织通过微信群、公众号、小红书、微博、YouTube 等平台进行宣传，拉拢成员，并在微信群中进行"修炼"指导。一些国外的邪教组织宣扬"新地球即将诞生"，在我国境内以新媒体方式蛊惑吸引青少年。

（5）通过"培训进修"传播

非法组织从欧美传入我国后，以"灵修""觉醒""疗愈""领导力提升""潜能开发""团建""商务咨询""成功学""心灵成长""健康养生""亲密关系提升"为名进行包装，迷惑性很强。

（6）以"公益互助"拉拢

邪教组织在农村滋生蔓延的一个重要方式，就是利用一些群众生活遇到困难、需要帮助的情形，趁机套近，投其所好，打着"公益""互助"等旗号，以小恩小惠笼络人心，拉人头。

邪教组织

防范篇

为什么很多人因邪教上当受骗？在全球"疗愈经济"抬头的大背景下，有人久病不愈，需名医相救；有人生活不顺，需智者点化；有人对宗教感兴趣，但又缺乏相关知识；有人需要陪伴、认同、肯定等。凡此种种，人们的一些社会和心理需求需要满足。因此，防范抵制邪教需要从思想观念、知识储备、生活态度等多方面提升"免疫力"。

邪教组织通常有一定人力、财力，往往具有国际化、政治化特征。在遇到邪教活动时，要保持冷静，沉着应对，不可掉以轻心。反对邪教态度要坚决，对邪教组织的反动宣传要做到不听、不看、不信、不传。要敢于同邪教作斗争，积极向公安机关和有关部门举报，并配合查处，依法打击邪教组织的违法犯罪活动。

1. 如何提升辨识邪教的能力？

邪教组织善于针对不同人群进行传播渗透。法律知识薄弱、教育环节缺失、信息闭塞的人更容易被邪教的商业包装、信息控制等手段迷惑欺骗。因此，防范邪教需要加强理论学习，提高法律素养，善用网络工具，加强背景和资质调查了解，积极参加科普宣传活动，提升辨识邪教的能力。

（1）加强理论学习

青年群体是邪教组织招募的重点目标群体之一。高校大学生要深入学习马克思主义宗教观和科学无神论，从辩证唯物主义和历史唯物主义角度看待问题，加强国家安全教育，学习我国防范处理邪教问题的相关政策和法律法规，警惕邪教渗透传播。

研讨会

团建

疗愈

营销

心灵鸡汤

"灵修"培训

（2）提高法律素养

要不断学习法律知识，提高法治观念和法律素养。只有全民

知法、懂法、守法，提高对邪教的分辨力和免疫力，邪教的歪理邪说才会失去传播市场。当全民共同依法防范抵制时，邪教就成了"过街老鼠"。

（3）善用网络工具

随着科技的发展，互联网的普及，有关官方媒体会经常更新国际邪教组织动态，揭露很多邪教组织头目和邪教组织的劣行恶迹。可通过中国反邪教网、薄荷茶社等官方网站和天眼查等平台，对有关组织的基本情况、企业经营情况进行查询判断。

（4）加强背景和资质审查

邪教和"精神传销"非法组织常常打着"国学""灵修""疗愈""团建""加盟""营销"等旗号，以培训等形式进行传播。青少年参加公益活动、出国进修、文体交流时，校方和家庭要加强对组织机构的背景予以调查了解，警惕背后可能存在的邪教组织黑手。

【案例】

2023年2月，浙江宁波警方以涉嫌诈骗罪对杨某进行立案调查。经查，杨某诱导学员购买了上万元的高价课。他不断给学员画大饼："只要你报了我的课，就已经成功了一半。"如果有人犹豫，他便不断灌输"要把自己逼入绝境"。此类培训属于典型的"精神传销"非法组织所为。

（5）积极参加科普宣传活动

目前全国各地都在针对不同群体开展内容丰富、形式多样的反邪教警示教育宣传。公民要积极参加学校、单位、街道社区、乡镇村委会组织的反邪教科普和宣传活动，树立科学观念、掌握科学方法、弘扬科学精神，自觉抵制迷信邪教。要共同筑牢反邪教人民防线，在全社会形成崇尚科学、抵制邪教的良好社会氛围。

2.如何提高防范邪教的意识？

邪教组织善于编造歪理邪说对人进行精神控制。提高防范邪教的意识，要识破邪教的谎言、话术、极端化，离不开科学理性、批判性思维。

（1）崇尚科学理性

提升自身科学素养，自觉抵制迷信、伪科学的侵袭。生病了就要去正规的医疗机构就医，相信科学的诊断，并采用科学妥善的治疗方案。邪教所鼓吹的"信主可以免灾，祷告可以治病""生病不吃药自动痊愈"，都是邪教组织内部人员自导自演、凭空杜撰的。

2014年，四川省峨眉山市的伍某加入"全能神"邪教组织后，把仅有的钱拿去"奉献"，身患肝病多年却拒医拒药，加之四处"传福音"过度劳累，以致病倒。后经医生诊断，其罹患肝癌晚期，最终医治无效去世。

2015年，"门徒会"邪教成员姚某组织多名邪教痴迷者为精神疾病发作的徐某祷告驱鬼。姚某等人称徐某被"牛魔王精"附体，不让徐某吃药、进食、喝水，持续数天之久。徐某在病痛与人为摧残中撒手人寰。

（2）强化质疑辨别

批判性思维是抵御邪教洗脑的第一道防线。对于邪教的歪理邪说、组织头目的身份等，要能够反思、反问，不盲从，学会质疑信息来源，不轻信未经验证的说法。对任何观点都要养成分析、评判的习惯，了解逻辑谬误和错误的论证，避免被误导。

（3）警惕思维陷阱

要警惕邪教的各种思维陷阱和骗人话术。邪教组织往往利用一些人的恐惧、焦虑、孤独等情感，许诺其成员某种超越世俗社会的神权，让成员自以为是"天选之子"，肩负所谓"使命"，可凌驾于国家、法律之上；鼓吹"教法大于国法"，刺激其虚荣心、傲慢心，催生"你们""我们"的二元对立思维，把质疑者和反对者都看作"恶魔""公敌"等。

"全能神"邪教组织通过各种"交通讲道""工作安排"诱导其成员建立并强化二元对立思维模式，使痴迷者产生认知偏执和极端思维。

2012年，河南省南阳市的王某因长期受"全能神"邪教精神控制，认为妻子是"魔鬼"，残忍将其杀害。

3.线下遇到邪教怎么办？

邪教违法犯罪活动如组织、教唆、胁迫、诱骗、煽动，或扰乱社会秩序，多以线下传播、集会、培训等方式为主。在线下遇到邪教组织或可疑行为，要见义勇为，积极报警或投诉，协助有关部门查处。同时，注意保护好自身安全，收集好证据。

（1）如遇到邪教组织招募人员，注意保护好自己，避免个人信息泄露和生命财产受到威胁，在确定周围环境安全后选择报警。

（2）如收到含有邪教宣传内容的手机短信、传真、电子邮件，要立即将其删除。如接到宣传邪教内容的骚扰电话，要直接挂断。

（3）如遇有人宣传所谓"三退""九评"等内容，或传递邪教组织的宣传品（光盘、书籍、印刷品等），要迅速报警，协助公安机关制止其行为。

（4）如发现邪教人员非法串联、秘密集会、聚众闹事，要立即报告当地政府有关部门或拨打 110 报警。

【案例】

2024 年 5 月，刘师傅携妻儿在游玩时，遇到一名妇女向其宣扬"法轮功"歪理邪说。刘师傅意识到是邪教的非法活动，立即拨打了 110 向公安机关报警。

（5）如发现人民币上印有邪教宣传标语等，要及时向公安机关报告，再到银行兑换，避免继续流通、扩大影响。

（6）如在参加培训、团建中发现以下情况，可初步判断为"精神传销"，应迅速离开并报警：一是让人倾诉自己的痛苦经历、隐私，使人沉浸在过往痛苦中；二是不断喊口号，通过不断重复进行精神洗脑；三是制造"人托"以及"积极学员"；四是让内部人员冒充学员，在各个社群积极提问，并反馈在听课之后获得的"神奇效果"。

（7）在参加宗教活动中，如果遇到有人说传统宗教过时、要信"新神"等，可初步判断为异端或邪教，要尽量远离。

4.在互联网、社交媒体遇到邪教怎么办？

互联网信息庞杂，邪教组织等非法组织会披着"宗教修行""心灵提升"的外衣，利用短视频、直播等方式隐藏其中进行传播。对通过社交媒体平台接触的涉及宗教、禅修、身心疗愈类群组、短视频、公众号等，如发现有可疑言行，不要泄露个人信息，更不要参加"共修""培训"。

遇到宣传邪教歪理邪说、鼓吹神化组织头目（如神佛、圣人）的社交媒体账号，或在网络群组遇到宣扬歪理邪说的可疑人员时要提高警惕，及时向平台举报，可拨打 12377 网信办违法和不良信息举报中心设立的免费举报电话。

【案例】

2022 年，广东省惠州市的聂某非法从事"全能神"邪教活动。聂某加入名为"万教归一"的QQ群后，以QQ名"本分"在群内活动。之后进入宣传邪教内容的微信群后，又陆续加入群成员为几十人到几百人不等的QQ群、微信群宣扬邪教内容。其中群成员百人以上的QQ群 15 个、微信群 2 个。聂某每天不定量向这些QQ群、微信群转发邪教内容。2022年 6 月 13 日，聂某被抓获归案。

对散播神秘事件、超自然现象、医疗奇迹等信息来吸引眼球的组织或个人，特别是进行线下引流、组织线下活动的，要高度警惕并果断举报。

在网络上遇到陌生人宣传"度人""救赎"时，要高度警惕，问明是哪个组织、哪个教派，是否属于合法组织。

5.在境外遇到邪教怎么办?

很多邪教组织活跃在境外，针对华人进行招募或反动宣传等活动。

（1）在境外遇到邪教组织宣传时，应沉着冷静，态度坚决，做到不理睬、不答复、不参与、不接受、不传播、不上钩。应当迅速离开，不要和邪教人员攀谈，不要领取其发放的任何材料，同时避免被邪教人员录音录像。

（2）一旦受到邪教人员纠缠，自身合法权益受到或可能受到侵犯，要及时向当地警方或旅游部门投诉，或提起诉讼。

（3）境外留学、交流和就业人员要警惕境外邪教组织的拉拢和招募，包括观看邪教演出、被邪教组织雇佣等。

（4）防范境外邪教组织诬告滥诉伎俩，不随意在他人提供的可疑材料上签字。

6.亲友误入邪教怎么办?

对误入邪教的亲人朋友，要及时给予关爱，不歧视，不要盲目批评，以防适得其反。邪教最擅长操纵他人思想、强制个人选择、降低自我认同。因此，要了解普通人加入邪教后可能产生的心理问题，不能简单粗暴对待。要多沟通、多倾听，做好教育劝导，强化亲情纽带。

要充分了解信奉邪教人员的反复性。他们在退出邪教后短期内还会被身心和感情上的"邪教后遗症"所困扰。当看到他们有所转变时，也不要放松警惕、放松帮教，否则可能半途而废。遇到棘手的问题可请专业人士或中国反邪教协会等专业机构提供帮助，并积极配合社区、单位开展教育帮扶工作，直至其彻底走出邪教泥潭，回归社会正常生活。

2016 年 3 月，大学生周某受到"全能神"邪教蛊惑，在临近毕业的时候瞒着家人，放弃学业离家出走。周某退学后被带到一个非常简陋的出租屋里，开始没日没夜地为"全能神"邪教组织干活，不能与家人和外界有任何联系，不能使用手机等任何通信工具，也不能随便离开住处。邪教组织每天都会给她安排大量的工作。她常常只能睡三四个小时。周某失联后，家人苦苦寻找，直到三年后被警方解救。

对亲属朋友受邪教迫害，造成人身伤害、财产损失的情况，应及时向公安机关报案。大多邪教组织都非常严密，活动方式诡秘，要求其成员统一使用"灵名""化名"，相互之间不得

打听真实身份。对于达到一定级别的邪教成员，一般会被派往异地甚至国外活动。如果家里有"全能神"邪教人员，要第一时间防止其离家出走。

7.如何追求健康生活?

（1）树立科学的世界观

邪教编造歪理邪说，本质上是利用某种超自然力进行自我包装欺骗公众。追求健康的生活先要树立科学的世界观，坚持马克思主义唯物论，大力弘扬科学精神，积极参与科普活动。

（2）建立良好的社会关系

亲情、友情是抵御邪教、摆脱邪教的有力武器。在日常生活中，要多与身边具有不同工作和生活背景的人沟通交流，建立良好的社会关系，增进彼此的感情，有助于打破我们固有的思维模式，更容易识别并抵制那些试图利用恐惧、仇恨来操控人心的言论。

（3）培养个人爱好

积极参加各种体育锻炼，培养良好的个人爱好和生活习惯。对于社会上组织的打坐、气功、禅修、"灵修"活动，注意辨别授课老师是否自我神化。积极选择国家提倡的健身方式，如国家体育总局提倡的健身气功（易筋经、五禽戏、八段锦等）。

（4）保持乐观的心态

正确对待人生坎坷，以乐观的态度对待生活，以进取的精神对待人生。警惕那些宣称可以帮你一劳永逸解决问题、快速开悟、快速致富的组织和个人。强化自我认知，了解自己的价值观、信仰和情感倾向。及时自我调节，提升"免疫力"。

（5）正确看待自身需求

邪教会针对不同群体，瞄准其对归属感、认同感、自我价值实现等方面的需求，如邪教组织常常会利用老年人对"来世"的期盼，利用中年人对摆脱焦虑、缓解压力、充实自我的期待，利用青少年"三观"未定、易受误导的特点，以不同方式进行拉拢。当意识到自己某方面存在弱点或需要提升时，对声称能够帮助"开悟""觉醒"等无缘无故的关心，要始终保持清醒。

法 制 篇

运用法律手段预防和惩治邪教是世界各国通行的做法。我国十分重视依法治理邪教，自1999年以来，针对邪教问题制定了一系列法律法规和规章。随着反邪教斗争的不断深入，我国加快了对反邪教法律、法规、司法解释以及相关政策制定、修改的速度，不仅就惩治邪教违法行为作出了相关规定，还细化了邪教犯罪的定罪量刑标准，使我国打击邪教违法犯罪法律体系内部总体做到科学统一，基本形成了中国特色社会主义防范和处理邪教问题的法律体系。

1. 宪法

《中华人民共和国宪法》

第三十六条 中华人民共和国公民有宗教信仰自由。

任何国家机关、社会团体和个人不得强制公民信仰宗教或者不信仰宗教，不得歧视信仰宗教的公民和不信仰宗教的公民。

国家保护正常的宗教活动。任何人不得利用宗教进行破坏社会秩序、损害公民身体健康、妨碍国家教育制度的活动。

宗教团体和宗教事务不受外国势力的支配。

2. 法律

第三百条 组织、利用会道门、邪教组织或者利用迷信破坏国家法律、行政法规实施的，处三年以上七年以下有期徒刑，并处罚金；情节特别严重的，处七年以上有期徒刑或者无期徒刑，并处罚金或者没收财产；情节较轻的，处三年以下有期徒刑、拘役、管制或者剥夺政治权利，并处或者单处罚金。

组织、利用会道门、邪教组织或者利用迷信蒙骗他人，致人重伤、死亡的，依照前款的规定处罚。

犯第一款罪又有奸淫妇女、诈骗财物等犯罪行为的，依照数罪并罚的规定处罚。

《中华人民共和国国家安全法》

第二十七条 国家依法保护公民宗教信仰自由和正常宗教活动，坚持宗教独立自主自办的原则，防范、制止和依法惩治利用宗教名义进行危害国家安全的违法犯罪活动，反对境外势力干涉境内宗教事务，维护正常宗教活动秩序。

国家依法取缔邪教组织，防范、制止和依法惩治邪教违法犯罪活动。

《中华人民共和国治安管理处罚法》

第三十一条 有下列行为之一的，处十日以上十五日以下拘留，可以并处二千元以下罚款；情节较轻的，处五日以上十日以下拘留，可以并处一千元以下罚款：

（一）组织、教唆、胁迫、诱骗、煽动他人从事邪教活动、会道门活动、非法的宗教活动或者利用邪教组织、会道门、迷信活动，扰乱社会秩序、损害他人身体健康的；

（二）冒用宗教、气功名义进行扰乱社会秩序、损害他人身体健康活动的；

（三）制作、传播宣扬邪教、会道门内容的物品、信息、资料的。

《全国人民代表大会常务委员会关于取缔邪教组织、防范和惩治邪教活动的决定》

为了维护社会稳定，保护人民利益，保障改革开放和社会主义现代化建设的顺利进行，必须取缔邪教组织、防范和惩治邪教活动。根据宪法和有关法律，特作如下决定：

一、坚决依法取缔邪教组织，严厉惩治邪教组织的各种犯罪活动。邪教组织冒用宗教、气功或者其他名义，采用各种手段扰乱社会秩序，危害人民群众生命财产安全和经济发展，必须依法取缔，坚决惩治。人民法院、人民检察院和公安、国家安全、司法行政机关要各司其职，共同做好这项工作。对组织和利用邪教组织破坏国家法律、行政法规实施，聚众闹事，扰乱社会秩序，以迷信邪说蒙骗他人，致人死亡，或者奸淫妇女、诈骗财物等犯罪活动，依法予以严惩。

二、坚持教育与惩罚相结合，团结、教育绝大多数被蒙骗的群众，依法严惩极少数犯罪分子。在依法处理邪教组织的工作中，要把不明真相参与邪教活动的人同组织和利用邪教组织进行非法活动、蓄意破坏社会稳定的犯罪

崇尚科学 远离邪教

分子区别开来。对受蒙骗的群众不予追究。对构成犯罪的组织者、策划者、指挥者和骨干分子，坚决依法追究刑事责任；对于自首或者有立功表现的，可以依法从轻、减轻或者免除处罚。

三、在全体公民中深入持久地开展宪法和法律的宣传教育，普及科学文化知识。依法取缔邪教组织，惩治邪教活动，有利于保护正常的宗教活动和公民的宗教信仰自由。要使广大人民群众充分认识邪教组织严重危害人类、危害社会的实质，自觉反对和抵制邪教组织的影响，进一步增强法制观念，遵守国家法律。

四、防范和惩治邪教活动，要动员和组织全社会的力量，进行综合治理。各级人民政府和司法机关应当认真落实责任制，把严防邪教组织的滋生和蔓延，防范和惩治邪教活动作为一项重要任务长期坚持下去，维护社会稳定。

3. 行政法规

《未成年人网络保护条例》

第二十二条　任何组织和个人不得制作、复制、发布、传播含有宣扬淫秽、色情、暴力、邪教、迷信、赌博、引诱自残自杀、恐怖主义、分裂主义、极端主义等危害未成年人身心健康内容的网络信息。

《中华人民共和国电信条例》

第五十六条　任何组织或者个人不得利用电信网络制作、复制、发布、传播含有下列内容的信息：

（五）破坏国家宗教政策，宣扬邪教和封建迷信的。

第七十七条　有本条例第五十六条、第五十七条和第五十八条所列禁止行为之一，情节严重的，由原发证机关吊销电信业务经营许可证。

国务院信息产业主管部门或者省、自治区、直辖市电信管理机构吊销电信业务经营许可证后，应当通知企业登记机关。

《出版管理条例》

第二十五条　任何出版物不得含有下列内容：

（五）宣扬邪教、迷信的。

第六十二条　有下列行为之一，触犯刑律的，依照刑法有关规定，依法追究刑事责任；尚不够刑事处罚的，由出版行政主管部门责令限期停业整顿，没收出版物、违法所得，违法经营额 1 万元以上的，并处违法经营额 5 倍以上 10 倍以下的罚款；违法经营额不足 1 万元的，可以处 5 万元以下的罚款；情节严重的，由原发证机关吊销许可证：

（一）出版、进口含有本条例第二十五条、第二十六条禁止内容的出版物的；

（二）明知或者应知出版物含有本条例第二十五条、第二十六条禁止内容而印刷或者复制、发行的；

（三）明知或者应知他人出版含有本条例第二十五条、第二十六条禁止内容的出版物而向其出售或者以其他形式转让本出版单位的名称、书号、刊号、版号、版面，或者出租本单位的名称、刊号的。

《音像制品管理条例》

第三条　音像制品禁止载有下列内容：

（五）宣扬邪教、迷信的。

第四十条　出版含有本条例第三条第二款禁止内容的音像制品，或者制作、复制、批发、零售、出租、放映明知或者应知含有本条例第三条第二款禁止内容的音像制品的，依照刑法有关规定，依法追究刑事责任；尚不够刑事处罚的，由出版行政主管部门、公安部门依据各自职权责令停业整顿，没收违法经营的音像制品和违法所得；违法经营额1万元以上的，并处违法经营额5倍以上10倍以下的罚款；违法经营额不足1万元的，可以处5万元以下的罚款；情节严重的，并由原发证机关吊销许可证。

《电影管理条例》

第二十五条　电影片禁止载有下列内容：

（五）宣扬邪教、迷信的。

第二十六条　电影制片单位应当依照本条例第二十五条的

规定，负责电影剧本投拍和电影片出厂前的审查。

电影制片单位依照前款规定对其准备投拍的电影剧本审查后，应当报电影审查机构备案；电影审查机构可以对报备案的电影剧本进行审查，发现有本条例第二十五条禁止内容的，应当及时通知电影制片单位不得投拍。具体办法由国务院广播电影电视行政部门制定。

第五十六条 摄制含有本条例第二十五条禁止内容的电影片，或者洗印加工、进口、发行、放映明知或者应知含有本条例第二十五条禁止内容的电影片的，依照刑法有关规定，依法追究刑事责任；尚不够刑事处罚的，由电影行政部门责令停业整顿，没收违法经营的电影片和违法所得；违法所得5万元以上的，并处违法所得5倍以上10倍以下的罚款；没有违法所得或者违法所得不足5万元的，并处20万元以上50万元以下的罚款；情节严重的，并由原发证机关吊销许可证。

《互联网上网服务营业场所管理条例》

第十四条 互联网上网服务营业场所经营单位和上网消费者不得利用互联网上网服务营业场所制作、下载、复制、查阅、发布、传播或者以其他方式使用含有下列内容的信息：

（五）破坏国家宗教政策，宣扬邪教、迷信的。

第十九条 互联网上网服务营业场所经营单位应当实施经营管理技术措施，建立场内巡查制度，发现上网消费者有本条例第十四条、第十五条、第十八条所列行为或者有其他违法行为的，应当立即予以制止并向文化行政部门、公安机关举报。

第三十条　互联网上网服务营业场所经营单位违反本条例的规定，利用营业场所制作、下载、复制、查阅、发布、传播或者以其他方式使用含有本条例第十四条规定禁止含有的内容的信息，触犯刑律的，依法追究刑事责任；尚不够刑事处罚的，由公安机关给予警告，没收违法所得；违法经营额1万元以上的，并处违法经营额2倍以上5倍以下的罚款；违法经营额不足1万元的，并处1万元以上2万元以下的罚款；情节严重的，责令停业整顿，直至由文化行政部门吊销《网络文化经营许可证》。

《娱乐场所管理条例》

第十三条　国家倡导弘扬民族优秀文化，禁止娱乐场所内的娱乐活动含有下列内容：

（五）违反国家宗教政策，宣扬邪教、迷信的。

第十八条　娱乐场所使用的音像制品或者电子游戏应当是依法出版、生产或者进口的产品。

歌舞娱乐场所播放的曲目和屏幕画面以及游艺娱乐场所的电子游戏机内的游戏项目，不得含有本条例第十三条禁止的内容；歌舞娱乐场所使用的歌曲点播系统不得与境外的曲库联接。

第四十八条　违反本条例规定，有下列情形之一的，由县级人民政府文化主管部门没收违法所得和非法财物，并处违法所得 1 倍以上 3 倍以下的罚款；没有违法所得或者违法所得不足 1 万元的，并处 1 万元以上 3 万元以下的罚款；情节严重的，责令停业整顿 1 个月至 6 个月：

（一）歌舞娱乐场所的歌曲点播系统与境外的曲库联接的；

（二）歌舞娱乐场所播放的曲目、屏幕画面或者游艺娱乐场所电子游戏机内的游戏项目含有本条例第十三条禁止内容的。

4. 司法解释

《最高人民法院、最高人民检察院关于办理组织、利用邪教组织破坏法律实施等刑事案件适用法律若干问题的解释》（法释〔2017〕3 号）

第一条 冒用宗教、气功或者以其他名义建立，神化、鼓吹首要分子，利用制造、散布迷信邪说等手段蛊惑、蒙骗他人，发展、控制成员，危害社会的非法组织，应当认定为刑法第三百条规定的"邪教组织"。

第二条 组织、利用邪教组织，破坏国家法律、行政法规实施，具有下列情形之一的，应当依照刑法第三百条第一款的规定，处三年以上七年以下有期徒刑，并处罚金：

（一）建立邪教组织，或者邪教组织被取缔后又恢复、另行建立邪教组织的；

（二）聚众包围、冲击、强占、哄闹国家机关、企业事业单位或者公共场所、宗教活动场所，扰乱社会秩序的；

（三）非法举行集会、游行、示威，扰乱社会秩序的；

（四）使用暴力、胁迫或者以其他方法强迫他人加入或者阻止他人退出邪教组织的；

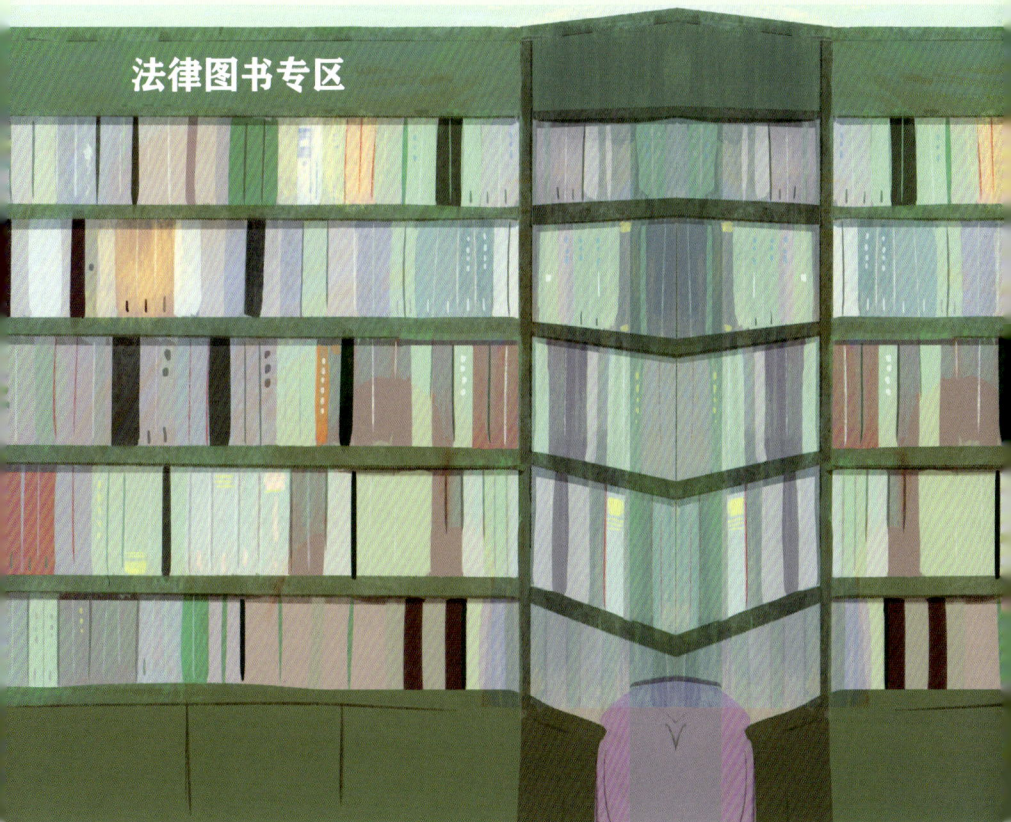

法律图书专区

（五）组织、煽动、蒙骗成员或者他人不履行法定义务的；

（六）使用"伪基站""黑广播"等无线电台（站）或者无线电频率宣扬邪教的；

（七）曾因从事邪教活动被追究刑事责任或者二年内受过行政处罚，又从事邪教活动的；

（八）发展邪教组织成员五十人以上的；

（九）敛取钱财或者造成经济损失一百万元以上的；

（十）以货币为载体宣扬邪教，数量在五百张（枚）以上的；

（十一）制作、传播邪教宣传品，达到下列数量标准之一的：

1. 传单、喷图、图片、标语、报纸一千份（张）以上的；

2. 书籍、刊物二百五十册以上的；

3. 录音带、录像带等音像制品二百五十盒（张）以上的；

4. 标识、标志物二百五十件以上的；

5. 光盘、U盘、储存卡、移动硬盘等移动存储介质一百个以上的；

6. 横幅、条幅五十条（个）以上的。

（十二）利用通讯信息网络宣扬邪教，具有下列情形之一的：

1. 制作、传播宣扬邪教的电子图片、文章二百张（篇）以上，电子书籍、刊物、音视频五十册（个）以上，或者电子

文档五百万字符以上、电子音视频二百五十分钟以上的；

2. 编发信息、拨打电话一千条（次）以上的；

3. 利用在线人数累计达到一千以上的聊天室，或者利用群组成员、关注人员等账号数累计一千以上的通讯群组、微信、微博等社交网络宣扬邪教的；

4. 邪教信息实际被点击、浏览数达到五千次以上的。

（十三）其他情节严重的情形。

第三条 组织、利用邪教组织，破坏国家法律、行政法规实施，具有下列情形之一的，应当认定为刑法第三百条第一款规定的"情节特别严重"，处七年以上有期徒刑或者无期徒刑，并处罚金或者没收财产：

（一）实施本解释第二条第一项至第七项规定的行为，社会危害特别严重的；

（二）实施本解释第二条第八项至第十二项规定的行为，数量或者数额达到第二条规定相应标准五倍以上的；

（三）其他情节特别严重的情形。

第四条 组织、利用邪教组织，破坏国家法律、行政法规实施，具有下列情形之一的，应当认定为刑法第三百条第一款规定的"情节较轻"，处三年以下有期徒刑、拘役、管制或者剥夺政治权利，并处或者单处罚金：

（一）实施本解释第二条第一项至第七项规定的行为，社会危害较轻的；

（二）实施本解释第二条第八项至第十二项规定的行为，数量或者数额达到相应标准五分之一以上的；

（三）其他情节较轻的情形。

第五条　为了传播而持有、携带，或者传播过程中被当场查获，邪教宣传品数量达到本解释第二条至第四条规定的有关标准的，按照下列情形分别处理：

（一）邪教宣传品是行为人制作的，以犯罪既遂处理；

（二）邪教宣传品不是行为人制作，尚未传播的，以犯罪预备处理；

（三）邪教宣传品不是行为人制作，传播过程中被查获的，

崇尚科学　远离邪教

以犯罪未遂处理；

（四）邪教宣传品不是行为人制作，部分已经传播出去的，以犯罪既遂处理，对于没有传播的部分，可以在量刑时酌情考虑。

第六条　多次制作、传播邪教宣传品或者利用通讯信息网络宣扬邪教，未经处理的，数量或者数额累计计算。

制作、传播邪教宣传品，或者利用通讯信息网络宣扬邪教，涉及不同种类或者形式的，可以根据本解释规定的不同数量标准的相应比例折算后累计计算。

第七条　组织、利用邪教组织，制造、散布迷信邪说，蒙骗成员或者他人绝食、自虐等，或者蒙骗病人不接受正常治疗，致人重伤、死亡的，应当认定为刑法第三百条第二款规定的组织、利用邪教组织"蒙骗他人，致人重伤、死亡"。

组织、利用邪教组织蒙骗他人，致一人以上死亡或者三人以上重伤的，处三年以上七年以下有期徒刑，并处罚金。

组织、利用邪教组织蒙骗他人，具有下列情形之一的，处七年以上有期徒刑或者无期徒刑，并处罚金或者没收财产：

（一）造成三人以上死亡的；

（二）造成九人以上重伤的；

（三）其他情节特别严重的情形。

组织、利用邪教组织蒙骗他人，致人重伤的，处三年以下有期徒刑、拘役、管制或者剥夺政治权利，并处或者单处罚金。

第八条　实施本解释第二条至第五条规定的行为，具有下列情形之一的，从重处罚：

（一）与境外机构、组织、人员勾结，从事邪教活动的；

（二）跨省、自治区、直辖市建立邪教组织机构、发展成员或者组织邪教活动的；

（三）在重要公共场所、监管场所或者国家重大节日、重大活动期间聚集滋事，公开进行邪教活动的；

（四）邪教组织被取缔后，或者被认定为邪教组织后，仍然聚集滋事，公开进行邪教活动的；

（五）国家工作人员从事邪教活动的；

（六）向未成年人宣扬邪教的；

（七）在学校或者其他教育培训机构宣扬邪教的。

第九条　组织、利用邪教组织破坏国家法律、行政法规实施，符合本解释第四条规定情形，但行为人能够真诚悔罪，明确表示退出邪教组织、不再从事邪教活动的，可以不起诉或者免予刑事处罚。其中，行为人系受蒙蔽、胁迫参

加邪教组织的，可以不作为犯罪处理。

组织、利用邪教组织破坏国家法律、行政法规实施，行为人在一审判决前能够真诚悔罪，明确表示退出邪教组织、不再从事邪教活动的，分别依照下列规定处理：

（一）符合本解释第二条规定情形的，可以认定为刑法第三百条第一款规定的"情节较轻"；

（二）符合本解释第三条规定情形的，可以不认定为刑法第三百条第一款规定的"情节特别严重"，处三年以上七年以下有期徒刑，并处罚金。

第十条　组织、利用邪教组织破坏国家法律、行政法规实施过程中，又有煽动分裂国家、煽动颠覆国家政权或者侮辱、诽谤他人等犯罪行为的，依照数罪并罚的规定定罪处罚。

第十一条　组织、利用邪教组织，制造、散布迷信邪说，组织、策划、煽动、胁迫、教唆、帮助其成员或者他人实施自杀、自伤的，依照刑法第二百三十二条、第二百三十四条的规定，以故意杀人罪或者故意伤害罪定罪处罚。

第十二条　邪教组织人员以自焚、自爆或者其他危险方法危害公共安全的，依照刑法第一百一十四条、第一百一十五条的规定，以放火罪、爆炸罪、以危险方法危害公共安全罪等定罪处罚。

第十三条　明知他人组织、利用邪教组织实施犯罪，而为其提供经费、场地、技术、工具、食宿、接送等便利条件或者帮助的，以共同犯罪论处。

第十四条　对于犯组织、利用邪教组织破坏法律实施罪、组织、利用邪教组织致人重伤、死亡罪，严重破坏社会秩序的犯罪分子，根据刑法第五十六条的规定，可以附加剥夺政治权利。

第十五条　对涉案物品是否属于邪教宣传品难以确定的，可以委托地市级以上公安机关出具认定意见。

第十六条　本解释自 2017 年 2 月 1 日起施行。最高人民法院、最高人民检察院《关于办理组织和利用邪教组织犯罪案件具体应用法律若干问题的解释》（法释〔1999〕18 号），最高人民法院、最高人民检察院《关于办理组织和利用邪教组织犯罪案件具体应用法律若干问题的解释（二）》（法释〔2001〕19 号），以及最高人民法院、最高人民检察院《关于办理组织和利用邪教组织犯罪案件具体应用法律若干问题的解答》（法发〔2002〕7 号）同时废止。

结 语

邪教治理是新时代社会治理的重要组成部分。截至 2024 年年底，我国已有多半城市运用现代化智能信息技术赋能，将"互联网+""e 治理""智慧城市"等创新手段融入邪教治理工作中。我国对邪教组织、"精神传销"组织的治理取得一系列重要成效，将相关非法组织影响限定在总体可控的范围内。

同时应当看到，反邪教斗争是一项长期、复杂、艰巨的任务。全球几乎所有地区都不同程度地受到邪教活动的危害及侵扰。在世界百年未有之大变局背景下，国内外邪教组织的政治化程度加深、危害性加大、渗透力加强、隐蔽性增加。一些新兴"宗教"或有害培训冒用传统文化、科学文化甚至科幻文化，与主流意识形态相违背，甚至形成对抗，对我国当前的邪教治理工作提出了新的挑战。

时代在发展，邪教组织也在变化。限于篇幅，本手册无法穷尽所有国内外邪教组织的信息，但力图通过现象勾勒本质，

"以不变应万变"。希望读者能够深刻把握邪教组织活动的特征和一般规律，炼就"火眼金睛"，从纷繁复杂的表象中看到本质。只有积极抵制和举报邪教非法活动，危害社会的非法组织才会无所遁形。大家要积极行动起来，努力形成全社会"打击邪教，人人有责"的氛围，共同守护我们的美好精神家园！